Fiche de lecture

Document rédigé par Maël Tailler
Maître en langues et littératures françaises et romanes
(Université de Liège)

La Ferme des animaux

George Orwell

lePetitLittéraire.fr

Rendez-vous sur lePetitLittéraire.fr et découvrez :

- plus de 1200 analyses
- claires et synthétiques
- téléchargeables en 30 secondes
- à imprimer chez soi

Code promo : LPL-PRINT-10

10 % DE RÉDUCTION SUR www.lePetitLitteraire.fr

RÉSUMÉ 6

ÉTUDE DES PERSONNAGES 12

Les hommes
- Mr Jones
- Les fermiers voisins : Frederick et Pilkington

Les cochons
- Sage l'Ancien
- Napoléon
- Boule de Neige
- Brille-Babil

Les chiens

Les moutons

Le cheval Malabar

CLÉS DE LECTURE 17

Un apologue
- La simplicité
- Le double sens
- La dimension argumentative
- L'enseignement ou la réflexion
- Les différentes formes d'apologue

Des parallélismes avec l'histoire soviétique

Le langage comme moyen d'oppression

PISTES DE RÉFLEXION 24

POUR ALLER PLUS LOIN 26

George Orwell
Écrivain anglais

- **Né en 1903 à Motihari (Bengale)**
- **Décédé en 1950 à Londres**
- **Quelques-unes de ses œuvres :**
  La Catalogne libre (1938), récit
  La Ferme des animaux (1945), roman
  1984 (1949), roman

George Orwell (de son vrai nom Eric Arthur Blair) est un écrivain anglais né en 1903 à Motihari (Bengale). Après des études en Angleterre, il retourne aux Indes et s'engage dans la police impériale en Birmanie. Il démissionne en 1928 et décide de devenir écrivain. S'ensuivent des années d'errance à Paris et à Londres, où il côtoie les plus démunis (*Dans la dèche à Paris et à Londres*, 1933). Il occupe ensuite diverses fonctions (libraire, enseignant, chroniqueur) avant de s'engager dans la guerre civile d'Espagne contre les fascistes (*La Catalogne libre*, 1938).

Pendant la Seconde Guerre mondiale, il se consacre au journalisme et à l'écriture de ses romans les plus célèbres, *La Ferme des animaux* (1945) et *1984* (1949). Orwell meurt de la tuberculose à Londres en 1950.

La Ferme des animaux
Une critique du pouvoir politique

- **Genre :** roman allégorique
- **Édition de référence :** *La Ferme des animaux*, traduit de l'anglais par Jean Queval, Paris, Gallimard, coll. « Folio », 1984, 160 p.
- **1re édition :** 1945
- **Thématiques :** utopie, communisme, totalitarisme, égalité, pouvoir

Publié en 1945 (et traduit en français en 1947), *La Ferme des animaux* est un roman allégorique qui relate la prise de pouvoir des animaux dans une ferme dont ils excluent les hommes. Ce texte est en fait une critique du stalinisme et, plus largement, du totalitarisme, à travers la figure des cochons qui bafouent les principes égalitaires mis en place lors de la révolte contre les hommes, et instaurent peu à peu un système d'oppression et d'exploitation dont sont victimes les autres animaux. Ce roman très célèbre fait désormais partie des classiques de la littérature anglaise.

RÉSUMÉ

LA RÉVOLUTION

Alors que Mr Jones, le propriétaire de la Ferme du Manoir, est allé se coucher, les animaux de la ferme se réunissent dans la grange pour écouter Sage l'Ancien, le doyen des cochons : en effet, ce sont eux qui passent pour être les plus intelligents. Celui-ci incite ses congénères à se révolter contre le seul animal qui consomme sans produire et exploite tous les autres : l'homme. Véritable prophète, il a tiré de ces principes une doctrine, l'animalisme. S'étant souvenu, en rêve, d'une vieille chanson qui annonce l'âge d'or des animaux, *Bêtes d'Angleterre*, il l'entonne, et tous la reprennent en chœur avec frénésie, jusqu'à ce que Mr Jones, réveillé par le vacarme, tire un coup de feu pour chasser un éventuel renard. À la mort de Sage l'Ancien, Napoléon, Boule de Neige et Brille-Babil, trois cochons ayant appris à lire, s'efforcent d'instruire les autres animaux : ils leur enseignent l'alphabet et l'animalisme afin de jeter les bases de la révolution.

Cela ne tardera pas à porter ses fruits : lorsque Mr Jones néglige de nourrir les animaux, ceux-ci le chassent avec sa femme et ses ouvriers. Devenus maitres de la ferme, ils s'empressent de faire disparaitre tous les instruments de l'oppression dont ils ont été victimes, et décident de diriger eux-mêmes l'exploitation, désormais rebaptisée

« Ferme des Animaux ». Le lendemain, avant d'aller récolter le foin aux champs, les cochons écrivent sur un des murs les sept commandements de l'animalisme :

- Tout deuxpattes est un ennemi.
- Tout quatrepattes ou tout volatile, un ami.
- Nul animal ne portera de vêtements.
- Nul animal ne dormira dans un lit.
- Nul animal ne boira d'alcool.
- Nul animal ne tuera un autre animal.
- Tous les animaux sont égaux.

Le dimanche, les cochons dirigent l'Assemblée et organisent ainsi la vie des autres. Devant l'incapacité de la plupart à apprendre à lire, Boule de Neige ramène les sept commandements à une maxime unique : « Quatrepattes, oui ! Deuxpattes, non ! », que les moutons scandent à tout bout de champ. Napoléon, quant à lui, reste en retrait, mais enlève et séquestre discrètement neuf chiots qui lui seront d'une grande aide lors de la prise de pouvoir qu'il prépare secrètement. Le temps passe et les cochons s'octroient de plus en plus de droits, prétextant que, sans eux, il serait impossible de diriger la ferme.

Très vite, les fermiers des alentours apprennent le soulèvement par Mr Jones et répandent des calomnies à l'encontre des animaux car l'hymne révolutionnaire, *Bêtes d'Angleterre*, se répand dans les campagnes. Le 12 octobre, ce dernier, accompagné de quelques hommes de main, tente de reprendre possession de sa ferme. Mais les animaux, commandés par Boule de Neige, parviennent à les faire fuir, et, à compter de ce jour, le 12 octobre devient une journée commémorative : celle de la bataille de l'Étable. Par ailleurs, Lubie, une jument coquette et paresseuse, quitte définitivement la ferme parce qu'on l'accuse de s'être laissé caresser par un humain.

LA PRISE DE POUVOIR

Le mois de janvier arrive et, en cette saison difficile pour tous, la rivalité entre Boule de Neige et Napoléon grandit de plus en plus. Le premier veut construire un moulin et mettre l'accent sur la propagande, alors que le second ne voit là qu'une perte de temps et insiste sur l'importance d'organiser la défense de la ferme. Au cours d'une assemblée, Napoléon fait un putsch grâce aux neuf molosses qu'il a élevés en secret, contraignant Boule de Neige à l'exil, et provoquant la dissolution de l'assemblée. Désormais, seul un comité de cochons présidé par Napoléon dirigera la ferme. Devenu son porte-parole, Brille-Babil s'applique à réviser l'histoire : selon ses dires, Napoléon aurait toujours souhaité construire un moulin. Investissant la maison ayant appartenu à Mr Jones, les cochons révisent et bafouent les sept commandements et s'octroient de nouveaux avantages, pendant que Brille-Babil continue de laver la mémoire des animaux.

Un an plus tard, les animaux travaillent toujours dur aux champs et à la construction du moulin. Quand certains produits provenant de l'extérieur commencent à manquer, Napoléon exprime le souhait de faire du commerce avec les fermes voisines. À l'extérieur, les hommes s'étonnent de la stabilité de la Ferme des Animaux, qu'ils raillaient à ses débuts.

Une nuit de novembre, le moulin est détruit par des vents violents. Affirmant que c'est l'œuvre de Boule de Neige, Napoléon proclame sa condamnation à mort. Une rumeur court d'ailleurs à son propos : Boule de Neige serait de retour. Lorsqu'il l'apprend, Napoléon lui impute tous les maux de la ferme et Brille-Babil en fait l'ennemi numéro un. Les animaux s'appliquent aussitôt à rebâtir un moulin plus solide, mais quand la nourriture vient à manquer, l'enthousiasme leur fait également défaut. Afin d'écraser toute révolte, Napoléon s'appuie sur ses molosses et fait publiquement exécuter plusieurs animaux considérés comme traitres. Par ailleurs, *Bêtes d'Angleterre* est désormais interdit car selon Brille-Babil, la révolution a réussi. Prenant conscience qu'ils se sont éloignés de leur projet initial, Douce la jument, Benjamin l'âne sceptique et d'autres renoncent à se révolter.

Le labeur continue donc, mais seuls Napoléon, les cochons et les chiens en tirent profit. À l'automne, le moulin est achevé. Mais contrairement à ce que tous croyaient, il ne servira pas à améliorer la vie de la ferme. Napoléon conclut un accord sur une vente de bois avec Frederick, un fermier voisin. Mais ce dernier le trahit et, le lendemain, attaque la ferme avec plus d'hommes et de fusils que Mr Jones ne l'avait fait en son temps : c'est la bataille du Moulin à Vent. Les animaux remportent la victoire, au prix de lourdes pertes : outre les morts et les blessés, le moulin est à nouveau détruit. Les jours suivants, les cochons célèbrent cette victoire en organisant des célébrations et en se soulant au whisky. Brille-Babil, de son côté, continue à déformer les sept commandements : « Aucun animal ne boira d'alcool » est désormais assorti des mots « à l'excès ».

À L'IMAGE DE L'HOMME

L'hiver est plus rude que le précédent et les rations se font plus petites. Napoléon, quant à lui, développe le culte de sa personnalité et organise des cérémonies. Il proclame la République et en prend la présidence. Au même moment, certains animaux commencent à s'interroger sur leur retraite. Blessé durant la bataille, le brave Malabar, un cheval, doit être conduit chez un vétérinaire, mais c'est un équarrisseur qui vient le chercher. Benjamin tente d'arrêter le fourgon, en vain. Pour apaiser les consciences, Brille-Babil maquille à nouveau l'histoire, et Napoléon organise un banquet en l'honneur du défunt.

Les années se sont écoulées, et peu se souviennent encore des jours avant le soulèvement. Beaucoup sont morts ; aucun n'a profité de la retraite. Le moulin est enfin terminé, et la ferme est devenue plus prospère. Mais les bénéfices profitent seulement aux chiens et aux cochons. Un jour, alors que les moutons répètent un nouveau slogan : « Quatrepattes bon, deuxpattes mieux ! », Napoléon et les autres cochons sortent en marchant sur deux pattes. Benjamin lit alors à Douce le seul commandement qui reste sur le mur de l'étable : « Tous les animaux sont égaux, mais certains sont plus égaux que d'autres. » Peu à peu, les cochons se mettent à utiliser publiquement tous les vêtements et ustensiles des hommes, fouet y compris.

Un soir, au cours d'un banquet auquel ils ont invité les fermiers voisins, Napoléon déclare qu'il a modifié les emblèmes et le nom de la ferme qui redevient la Ferme du Manoir. Observant la scène par la fenêtre, Douce et quelques autres ne parviennent plus à distinguer les cochons des hommes.

ÉTUDE DES PERSONNAGES

La Ferme des animaux peut être lu comme un roman à clé : il représente allégoriquement l'histoire de l'Union Soviétique dans la première moitié du XXe siècle. Nous allons donc ici souligner certains parallélismes entre personnages fictifs et figures historiques (sans être exhaustif).

> ### BON À SAVOIR : L'UNION SOVIÉTIQUE
>
> En 1917, excédée par la misère dans laquelle la politique du tsar Nicolas II la maintient (Première Guerre mondiale, retard du développement, pauvreté, famine), la population russe se soulève et instaure le premier régime communiste du monde.
>
> Le communisme est une doctrine politique élaborée d'après le théoricien Karl Marx (1818-1883). C'est un modèle de société fondé sur la suppression des classes sociales et de la propriété privée, où les richesses sont mises en commun et les individus sur un pied d'égalité. Économiquement, au lieu de répondre à la loi de l'offre et de la demande, la production (agriculture, industrie, etc.) est planifiée et contrôlée par l'État, qui a la mainmise sur pratiquement toutes les activités du pays.
>
> Porté par des idéaux généreux, le communisme russe se transformera rapidement en régime totalitaire. Après une dizaine d'années de réformes plus ou moins heureuses (pour l'agriculture et l'industrie principalement), Staline prend seul le pouvoir et règnera sans partage. Il évince tous ses opposants (réels ou supposés) au cours de procès truqués, instaure la propagande révolutionnaire, la manipulation de l'information et de l'histoire, le culte de la personnalité, les *goulags* (camps de travail), etc.
>
> Après la Deuxième Guerre mondiale, l'URSS profite de la défaite allemande pour mettre en place des régimes communistes (et dictatoriaux) dans toute l'Europe de l'Est. Malgré la mort de Staline en 1953, ces régimes resteront en place jusqu'en 1989, année de la chute du mur de Berlin. Aujourd'hui, Cuba, la Chine et la Corée du Nord sont les derniers pays à maintenir des régimes communistes, très éloignés toutefois de la doctrine marxiste originelle.

LES HOMMES

Mr Jones

Propriétaire de la Ferme du Manoir dont il assure la gestion, il exploite les animaux par habitude. Mais il perd peu à peu gout à l'ouvrage, se réfugie dans l'alcool et oublie de nourrir les bêtes. Celles-ci se révoltent et le contraignent à l'exil.

Il peut représenter le tsar Nicolas II : négligent à l'égard de son peuple, incapable de réformer l'Empire russe, il a dû faire face à la révolution de 1917 et abdiquer.

Les fermiers voisins : Frederick et Pilkington

Le premier, propriétaire de la ferme de Pinchfield, porte un nom aux consonances allemandes. Passé le temps des calomnies, il conclut en secret un pacte avec les cochons (vente de bois) avant de les trahir et de tenter d'envahir leur ferme. Frederick rappelle ainsi Hitler qui, malgré le pacte germano-soviétique (accord de non-agression entre Hitler et Staline conclu en 1939), a entrepris de conquérir l'Union soviétique.

Le second, propriétaire de la ferme de Foxwood, est qualifié de « *gentleman* farmer » (p. 45). Méfiant à l'égard de la Ferme des Animaux, il cherche cependant lui aussi à conclure discrètement des accords avec elle. Pilkington, à la tête d'une « vaste exploitation mal tenue et vieux jeu » (p. 45) qui rappelle l'Empire britannique, pourrait représenter Churchill. Frederick et Pilkington, tous deux opposés à l'animalisme, sont pourtant incapables de s'associer, comme leurs homologues historiques.

LES COCHONS

Sage l'Ancien

Il est le plus éclairé et le plus vénéré des animaux. Au début du récit, il a l'intuition d'une société plus juste débarrassée de l'homme (l'exploiteur) dans laquelle les animaux (qu'il appelle «Camarades»), tous égaux en droits, se gouverneraient eux-mêmes et partageraient les richesses (p. 10-16). Selon une lecture allégorique, Sage l'Ancien correspond à Marx, dont la philosophie a grandement influencé le communisme moderne (notamment l'idée du renversement des classes dirigeantes – les hommes – par le prolétariat – les animaux).

Napoléon

Napoléon est un «grand et imposant Berkshire» peu bavard et décidé (p. 21). Ce cochon autoritaire va rapidement renverser le régime égalitaire mis en place après le soulèvement grâce à son armée de chiens et imposer une dictature. Par bien des côtés (culte de sa personnalité, règne de terreur, purges politiques, révision de l'histoire, etc.), ce «Père de tous les animaux» (p. 101) rappelle le «Petit Père des Peuples» qu'était Staline.

Boule de Neige

Ce cochon vif d'esprit (p. 21), fort de ses lectures, tente d'éduquer les animaux et d'organiser la ferme. Il s'efforce sincèrement d'améliorer les conditions de vie de ses compagnons (projet du moulin) et se bat courageusement lors de la bataille de l'Étable. Par son exil, sa condamnation à mort, la campagne de diffamation organisée contre lui et sa volonté d'étendre le soulèvement à d'autres exploitations, cet acteur majeur de la révolution rappelle plus Trotski que Lénine.

Brille-Babil

Ce « goret bien en chair et de petite taille » (p. 21) se distingue de ses congénères par son éloquence (« babiller » signifie « parler beaucoup et à propos de rien » tandis que son nom en anglais, Squealer, renvoie au verbe *to squeal* qui signifie « couiner » ou « moucharder ») et son pouvoir de persuasion. Vénal, il rejoint rapidement le camp du plus fort, Napoléon, dont il se fait le porte-parole. Il incarne les organes de propagande soviétique (tel le quotidien *La Pravda*) qui se sont appliqués à réviser l'histoire et à promouvoir le régime.

LES CHIENS

Les neufs molosses élevés puis favorisés par Napoléon constituent les forces de l'ordre. Ils représentent la police politique de Staline.

LES MOUTONS

Ces êtres incapables de penser par eux-mêmes ne cessent de scander les slogans qu'on leur impose, sans réaliser qu'ils sont souvent contradictoires et contraires à leur intérêt. Ainsi, le «Quatrepattes, oui! Deuxpattes, non!» initial se transforme finalement en «Quatrepattes bien!, Deuxpattes, mieux!», sans qu'ils s'en offusquent. Les moutons (qui passent généralement pour des animaux conformistes dans le langage courant) représentent les masses endoctrinées.

LE CHEVAL MALABAR

Comme son nom l'indique, Malabar se distingue par sa force. Dans la version originale, il s'appelle d'ailleurs Boxer. Courageux, mais plutôt bête et naïf, ce cheval de trait se tue à la tâche aux champs et lors de la (re)construction du moulin. Ses devises sont «Je vais travailler plus dur» (il dort moins pour faire avancer les travaux, p. 35) et «Napoléon ne se trompe jamais» (il est incapable d'imaginer que son chef le manipule, p. 65). Malabar représente les travailleurs productifs et militants, dévoués à leur régime et pourtant exploités (en URSS, le stakhanovisme, du nom d'un mineur particulièrement productif qui était mis en avant par le régime stalinien, désignait cette doctrine faisant l'apologie du travail).

CLÉS DE LECTURE

UN APOLOGUE

L'apologue est un court récit allégorique à visée argumentative et didactique qui renferme une morale. Si *La Ferme des animaux* reste d'abord un roman, il reprend la plupart des caractéristiques de l'apologue.

La simplicité

L'apologue est un récit bref, à l'intrigue claire, dont la langue est simple, et avec peu de personnages, souvent typés (des animaux, par exemple, dans le sous-genre qu'est la fable).

Dans *La Ferme des animaux* : l'œuvre est en effet brève (10 chapitres pour un total de 151 pages) et exprimée dans une langue accessible à tous ; l'histoire tient en peu de mots (des animaux prennent le pouvoir dans une ferme où ils établissent l'égalité entre tous avant qu'une caste de cochons ne réinstaure une dictature) ; les personnages sont des animaux qui représentent des types sociaux (les cochons sont des chefs paresseux, les moutons incarnent le peuple bête, conformiste et soumis, les chevaux de trait sont travailleurs et dociles, etc.).

Le double sens

Un apologue se présente comme une longue métaphore filée sous-entendue par l'auteur, car les personnages et les situations renvoient à autre chose qu'eux-mêmes.

La Ferme des animaux représente la société humaine, et plus particulièrement une société humaine précise à un moment donné de son histoire : la Russie (devenue URSS) dans la première moitié du XXe siècle. De plus, les personnages renvoient à des personnes réelles. Napoléon, par exemple, est un cochon dominant qui incarne la figure du dictateur, derrière laquelle il est facile de reconnaitre Staline.

La dimension argumentative

Le schéma narratif de l'apologue est construit de manière à mettre en évidence une idée.

La Ferme des animaux défend une thèse claire : le soulèvement a échoué, les cochons s'en sont servis pour instaurer peu à peu un régime aussi mauvais, voire pire que celui de Jones. Cette idée s'impose au lecteur par différents moyens :

- l'opposition claire entre des personnages positifs (les chevaux, l'âne, les poules) et négatifs (les chiens, les cochons – à l'exception de Sage l'Ancien et de Boule de Neige – et dans une moindre mesure les moutons) ;

- une gradation au fil des chapitres: les injustices et violences à l'encontre des opprimés (Napoléon et ses chiens), le détournement de la loi issue des paroles de Sage l'Ancien, la transformation de l'histoire de la bataille de l'Étable (Brille-Babil), les inégalités grandissantes, le mimétisme entre les cochons et les hommes;
- l'omniscience du narrateur, faussement objectif (il souligne discrètement le cynisme de Brille-Babil, p. 138-139, par exemple);
- la structure cyclique du livre. Le chapitre 10 fait ouvertement écho au chapitre 1. Le narrateur y dresse un bilan depuis les jours d'avant le soulèvement, et il apparait que peu de choses ont changé: les animaux sont toujours exploités et misérables, les cochons se comportent comme les hommes, la ferme a retrouvé son nom d'origine, l'inégalité est à nouveau la loi.

L'enseignement ou la réflexion

L'apologue vise à instruire en mettant en lumière une certaine morale (explicite ou implicite) ou une certaine vérité (portant sur les hommes, la société, le monde).

Dans *La Ferme des animaux*, si le livre instruit (le lecteur découvre de manière didactique la façon dont une utopie généreuse peut être détournée et laisser place insidieusement à un régime totalitaire et brutal), sa morale reste assez implicite, voire absente. En effet, aucun attitude, aucun acte ne permet d'améliorer la situation: ni l'optimisme (Malabar, Douce), ni le pessimisme (Benjamin), ni la fuite (Lubie, Boule de Neige), ni la soumission (la plupart), ni la timide révolte (les «traitres» exécutés). Le fatalisme s'impose: l'égalité entre les animaux est une chimère, puisque certains seront toujours «plus égaux que d'autres» (p. 144).

Les différentes formes d'apologue

L'apologue peut revêtir plusieurs formes: la fable, le fabliau, la parabole, l'utopie, le conte et la nouvelle.

Le roman, genre auquel appartient *La Ferme des animaux*, ne fait pas partie de cette liste, mais il peut simplement être considéré comme une nouvelle forme d'apologue.

DES PARALLÉLISMES AVEC L'HISTOIRE SOVIÉTIQUE

La Ferme des animaux fait un parallèle avec de nombreux évènements majeurs de l'histoire russe.

En Russie:

- avant 1917: tsarisme (Nicolas II) et diffusion des idées révolutionnaires de Marx;
- 1917-1921: révolutions de Février et d'Octobre 1917, guerre contre les armées blanches (tsaristes, monarchistes, républicains appuyés par des forces issues des pays étrangers) et mise en place d'un régime soviétique;
- 1921-1927: rivalité entre Trotski et Staline, persécution du premier qui s'exile;

- 1927-1939 : stalinisme, procès de Moscou, plans quinquennaux et modernisation ;
- Seconde Guerre mondiale : Staline hésite à s'allier avec l'Angleterre ou avec l'Allemagne. Cette dernière envahit l'URSS mais les Russes repoussent les Allemands ;
- L'après-guerre : le stalinisme s'endurcit, l'URSS se pérennise, Staline et l'élite s'enrichissent, la diplomatie reprend avec les autres pays (conférence de Yalta en févier 1945).

Dans le roman :

- chapitre 1, avant le soulèvement : exploitation des animaux par Mr Jones et songe de Sage l'Ancien ;
- chapitres 2-4 : soulèvement des animaux, bataille de l'Érable (où Mr Jones est appuyé par des hommes de Frederick et Pilkington) et organisation de la ferme des cochons ;
- chapitre 5 : rivalité entre Boule de Neige et Napoléon, le premier est contraint de fuir ;
- chapitres 6-7 : règne de terreur de Napoléon, exécution des traîtres, directives du dimanche à l'Assemblée et construction du moulin ;
- chapitre 8 : Napoléon hésite à passer un accord avec Frederick ou avec Pilkington (vente de bois), puis Frederick tente d'envahir la Ferme des Animaux mais échoue ;
- chapitres 9-10 : Napoléon poursuit son règne de terreur, la ferme est plus prospère et plus inégalitaire encore. Finalement, les hommes sont invités à la table des cochons.

La Ferme des animaux n'est cependant pas un calque de l'histoire russe. Plusieurs éléments discordants suggèrent qu'il ne faut pas s'arrêter à cette lecture particulière (le dictateur s'appelle Napoléon, l'histoire se passe dans la campagne anglaise, le soulèvement a lieu en juin alors que les révolutions russes ont eu lieu en février puis en octobre 1917, etc.).

LE LANGAGE COMME MOYEN D'OPPRESSION

Un des moyens auquel les cochons recourent pour appuyer leur pouvoir est la manipulation par le langage. On peut bien sûr y voir une critique de l'URSS, qui a utilisé très souvent la manipulation de l'information (censure, fabrication de preuves dans les procès staliniens, propagande mensongère, etc.). Une des clés est d'ailleurs la falsification de l'histoire : beaucoup de communistes tombés en disgrâce aux yeux de Staline ont ainsi été éliminés, et littéralement effacés de la mémoire collective (les photos où ils figuraient ont été retouchées pour qu'ils n'y soient plus, par exemple). De la même manière, les cochons n'hésitent pas à réécrire les dix commandements, pourtant supposés immuables.

La critique d'Orwell ne se limite pourtant pas à l'URSS. La propagande démagogique de Brille-Babil n'est pas l'apanage d'un régime dictatorial puisque les fermes voisines (qui symbolisent pour la plupart des démocraties capitalistes) la pratiquent également.

Dans *La Ferme des animaux*, l'auteur traduit en fait son scepticisme et son pessimisme non seulement à l'égard du socialisme dont il a pourtant été un des plus ardents défenseurs durant sa jeunesse (en effet, Orwell a été un des premiers intellectuels européens à dénoncer le stalinisme à une époque où les démocraties européennes évitaient à tout prix de froisser le dictateur et refusaient de voir les vices de ce régime), mais plus généralement vis-à-vis du pouvoir politique en général. C'est ainsi qu'il faut comprendre la ressemblance finale entre les cochons et les hommes : peu importe l'idéologie, finalement, pourvu qu'on ait le pouvoir. Et si pouvoir il y a, il implique nécessairement inégalités, corruption et trahison des idéaux initiaux.

Sous une apparence innocente (un apologue où dialoguent les animaux d'une ferme), Orwell expose de manière quasi didactique comment une utopie généreuse peut entraîner le pire des régimes politiques.

PISTES DE RÉFLEXION

QUELQUES QUESTIONS POUR APPROFONDIR SA RÉFLEXION…

- Montrez en quoi on peut définir *La Ferme des animaux* comme un apologue.
- Que symbolise le récit ? Développez les principaux éléments qui permettent de le déterminer.
- Les animaux de la ferme agissent différemment en fonction de l'espèce à laquelle ils appartiennent. À quel type de personne ou de réaction peut-on associer chacune d'entre elles ?
- George Orwell nous livre une analyse du communisme extrêmement pertinente. Montrez en quoi cette analyse est valide pour les décennies qui suivent la parution du roman.
- La démarche d'Orwell est-elle destinée uniquement à dénoncer le communisme ? Basez-vous sur les éléments biographiques et les autres œuvres de l'auteur pour répondre.
- En quoi le langage est-il un élément-clé du roman ?
- À quels grands personnages historiques fait-on allusion dans le roman ?
- La dénonciation du totalitarisme faite dans le roman ne peut-elle pas être encore pertinente aujourd'hui ? Justifiez et développez votre réponse.
- Effectuez une comparaison du roman avec *Candide* de Voltaire. En quoi peut-on voir dans le roman un héritage des philosophes des Lumières ?

- Effectuez une comparaison entre le roman et l'album *Animals* du groupe Pink Floyd. Quels éléments nous permettent de déterminer que l'album fait référence à l'œuvre d'Orwell ? Expliquez la démarche du groupe.

POUR ALLER PLUS LOIN

ÉDITION DE RÉFÉRENCE

- ORWELL G., *La Ferme des animaux*, Paris, Gallimard, coll. « Folio », 1984.

ADAPTATIONS

- *La Ferme des animaux*, long-métrage d'animation britannique de John Halas et Joy Batchelor, 1954.
- *Animals*, album du groupe de rock progressif britannique Pink Floyd, 1977. Le concept de l'album est inspiré du roman d'Orwell, puisque l'humanité y est divisée en trois castes qui donnent leurs titres aux morceaux : « Pigs on the Wing 1 », « Dogs », « Pigs (Three Different Ones) », « Sheep » et « Pigs on the Wing 2 »
- Nombreuses adaptations théâtrales, à Paris et à Londres notamment.

SUR LEPETITLITTÉRAIRE.FR

- Commentaire du chapitre 1 de *La Ferme des animaux* de George Orwell
- Fiche de lecture sur *1984* de George Orwell
- Questionnaire de lecture sur *1984* de George Orwell
- Questionnaire de lecture sur *La Ferme des animaux*

Retrouvez notre offre complète sur lePetitLittéraire.fr

- des fiches de lectures
- des commentaires littéraires
- des questionnaires de lecture
- des résumés

ANOUILH
- Antigone

AUSTEN
- Orgueil et Préjugés

BALZAC
- Eugénie Grandet
- Le Père Goriot
- Illusions perdues

BARJAVEL
- La Nuit des temps

BEAUMARCHAIS
- Le Mariage de Figaro

BECKETT
- En attendant Godot

BRETON
- Nadja

CAMUS
- La Peste
- Les Justes
- L'Étranger

CARRÈRE
- Limonov

CÉLINE
- Voyage au bout de la nuit

CERVANTÈS
- Don Quichotte de la Manche

CHATEAUBRIAND
- Mémoires d'outre-tombe

CHODERLOS DE LACLOS
- Les Liaisons dangereuses

CHRÉTIEN DE TROYES
- Yvain ou le Chevalier au lion

CHRISTIE
- Dix Petits Nègres

CLAUDEL
- La Petite Fille de Monsieur Linh
- Le Rapport de Brodeck

COELHO
- L'Alchimiste

CONAN DOYLE
- Le Chien des Baskerville

DAI SIJIE
- Balzac et la Petite Tailleuse chinoise

DE GAULLE
- Mémoires de guerre III. Le Salut. 1944-1946

DE VIGAN
- No et moi

DICKER
- La Vérité sur l'affaire Harry Quebert

DIDEROT
- Supplément au Voyage de Bougainville

DUMAS
- Les Trois Mousquetaires

ÉNARD
- Parlez-leur de batailles, de rois et d'éléphants

FERRARI
- Le Sermon sur la chute de Rome

FLAUBERT
- Madame Bovary

FRANK
- Journal d'Anne Frank

FRED VARGAS
- Pars vite et reviens tard

GARY
- La Vie devant soi

Gaudé
- La Mort du roi Tsongor
- Le Soleil des Scorta

Gautier
- La Morte amoureuse
- Le Capitaine Fracasse

Gavalda
- 35 kilos d'espoir

Gide
- Les Faux-Monnayeurs

Giono
- Le Grand Troupeau
- Le Hussard sur le toit

Giraudoux
- La guerre de Troie n'aura pas lieu

Golding
- Sa Majesté des Mouches

Grimbert
- Un secret

Hemingway
- Le Vieil Homme et la Mer

Hessel
- Indignez-vous !

Homère
- L'Odyssée

Hugo
- Le Dernier Jour d'un condamné
- Les Misérables
- Notre-Dame de Paris

Huxley
- Le Meilleur des mondes

Ionesco
- Rhinocéros
- La Cantatrice chauve

Jary
- Ubu roi

Jenni
- L'Art français de la guerre

Joffo
- Un sac de billes

Kafka
- La Métamorphose

Kerouac
- Sur la route

Kessel
- Le Lion

Larsson
- Millenium I. Les hommes qui n'aimaient pas les femmes

Le Clézio
- Mondo

Levi
- Si c'est un homme

Levy
- Et si c'était vrai...

Maalouf
- Léon l'Africain

Malraux
- La Condition humaine

Marivaux
- La Double Inconstance
- Le Jeu de l'amour et du hasard

Martinez
- Du domaine des murmures

Maupassant
- Boule de suif
- Le Horla
- Une vie

Mauriac
- Le Nœud de vipères

Mauriac
- Le Sagouin

Mérimée
- Tamango
- Colomba

Merle
- La mort est mon métier

Molière
- Le Misanthrope
- L'Avare
- Le Bourgeois gentilhomme

Montaigne
- Essais

Morpurgo
- Le Roi Arthur

Musset
- Lorenzaccio

Musso
- Que serais-je sans toi ?

Nothomb
- Stupeur et Tremblements

Orwell
- La Ferme des animaux
- 1984

Pagnol
- La Gloire de mon père

Pancol
- Les Yeux jaunes des crocodiles

Pascal
- Pensées

Pennac
- Au bonheur des ogres

Poe
- La Chute de la maison Usher

Proust
- Du côté de chez Swann

Queneau
- Zazie dans le métro

Quignard
- Tous les matins du monde

RABELAIS
- Gargantua

RACINE
- Andromaque
- Britannicus
- Phèdre

ROUSSEAU
- Confessions

ROSTAND
- Cyrano de Bergerac

ROWLING
- Harry Potter à l'école des sorciers

SAINT-EXUPÉRY
- Le Petit Prince
- Vol de nuit

SARTRE
- Huis clos
- La Nausée
- Les Mouches

SCHLINK
- Le Liseur

SCHMITT
- La Part de l'autre
- Oscar et la Dame rose

SEPULVEDA
- Le Vieux qui lisait des romans d'amour

SHAKESPEARE
- Roméo et Juliette

SIMENON
- Le Chien jaune

STEEMAN
- L'Assassin habite au 21

STEINBECK
- Des souris et des hommes

STENDHAL
- Le Rouge et le Noir

STEVENSON
- L'Île au trésor

SÜSKIND
- Le Parfum

TOLSTOÏ
- Anna Karénine

TOURNIER
- Vendredi ou la Vie sauvage

TOUSSAINT
- Fuir

UHLMAN
- L'Ami retrouvé

VERNE
- Le Tour du monde en 80 jours
- Vingt mille lieues sous les mers
- Voyage au centre de la terre

VIAN
- L'Écume des jours

VOLTAIRE
- Candide

WELLS
- La Guerre des mondes

YOURCENAR
- Mémoires d'Hadrien

ZOLA
- Au bonheur des dames
- L'Assommoir
- Germinal

ZWEIG
- Le Joueur d'échecs

Et beaucoup d'autres sur lePetitLittéraire.fr

© **LePetitLittéraire.fr, 2013. Tous droits réservés.**

www.lepetitlitteraire.fr

ISBN version imprimée : 978-2-8062-1297-9
ISBN version numérique : 978-2-8062-1788-2
Dépôt légal : D/2013/12.603/331

RÉSUMÉ 6

ÉTUDE DES PERSONNAGES 10
Arlequin
Iphicrate
Cléanthis
Euphrosine
Trivelin

CLÉS DE LECTURE 12
Le théâtre dans le théâtre
L'utopie
Le monde à l'envers

PISTES DE RÉFLEXION 17

POUR ALLER PLUS LOIN 18

Marivaux
Dramaturge et romancier français

- **Né en 1688 à Paris**
- **Décédé en 1763 dans la même ville**
- **Quelques-unes de ses œuvres :**
  La Double Inconstance (1723), pièce de théâtre
  L'Île des esclaves (1725), pièce de théâtre
  Le Jeu de l'amour et du hasard (1730), pièce de théâtre

Pierre Carlet de Chamblain de Marivaux nait à Paris en 1688. Il fait des études de droit, mais n'exercera jamais. En revanche, il écrit des articles, des romans et surtout des pièces de théâtre, en particulier pour les comédiens-italiens entre 1720 et 1740 : *La Double Inconstance* (1723), *L'Île des esclaves* (1725) ou *Les Fausses Confidences* (1737). Les jeunes gens qui peuplent ses pièces sont pris dans des aventures complexes par crainte de dévoiler leurs sentiments. Les jeux de masques auxquels ils se livrent, et l'usage qu'ils font du langage de la galanterie ont donné naissance au terme « marivaudage ». Marivaux meurt en 1763.

L'Île des esclaves
Une pièce à la frontière entre tragique et comique

- **Genre :** pièce de théâtre (comédie)
- **Édition de référence :** *L'Île des esclaves*, Paris, Le Livre de Poche, coll. « Théâtre de Poche », 1999, 90 p.
- **1re édition :** 1725
- **Thématiques :** bourgeoisie, société, utopie, philosophie, servitude, théâtre, morale

Représentée pour la première fois par les comédiens-italiens en 1725, *L'Île des esclaves* est une pièce en un acte à la frontière entre plusieurs genres. Les personnages grecs, ainsi que la situation tragique évoquent la tragédie alors que le personnage d'Arlequin, burlesque à souhait, ne laisse aucun doute sur la nature comique de l'action.

Marivaux y aborde la question des rapports entre maitres et serviteurs d'une manière à la fois satirique et sentimentale, sur fond d'utopie. Cette pièce doit être rapprochée des comédies sociales et philosophiques de l'auteur comme *L'Île de la raison* ou encore *La Colonie*.

RÉSUMÉ

SCÈNE 1

On découvre Iphicrate et son esclave Arlequin sur une plage, et on aperçoit quelques maisons. Les deux personnages ont échoué à cet endroit à la suite d'un naufrage.

Lorsqu'il le comprend, Iphicrate révèle à Arlequin qu'ils sont sans doute sur l'île des esclaves, lieu de refuge de révoltés athéniens, où l'habitude est de tuer les maitres ou de les réduire en esclavage. Cette situation inquiète Iphicrate et amuse Arlequin.

À la fin de la scène, Arlequin a tellement agacé Iphicrate que ce dernier lui court après, une épée à la main.

SCÈNE 2

La course est interrompue par un certain Trivelin, accompagné d'une jeune servante appelée Cléanthis. Trivelin prend l'épée des mains d'Iphicrate et, lorsqu'il apprend la condition de ce dernier et d'Arlequin, révèle ses fonctions et la nature du lieu dans lequel ils se trouvent. Son rôle est de faire respecter les lois dans le canton, c'est-à-dire de veiller à ce que les anciens maitres deviennent esclaves et à ce que les anciens esclaves se conduisent en maitres. Il confirme aussi qu'il s'agit bien de l'île aux esclaves évoquée par Iphicrate.

Arlequin profite de la situation et raille son ancien maitre. À la fin de la scène, Trivelin indique à Arlequin sa nouvelle habitation.

SCÈNE 3

Trivelin se retrouve seul avec Cléanthis et sa maitresse Euphrosine. La situation s'inverse d'une manière similaire à celle d'Iphicrate et Arlequin : Euphrosine devient l'esclave et Cléanthis endosse le rôle de la maitresse. Durant toute la scène, Cléanthis met en relief les ridicules d'Euphrosine en la caricaturant. À la fin de la scène, Trivelin demande à Cléanthis de s'éloigner pour s'entretenir en tête à tête avec Euphrosine.

SCÈNE 4

Trivelin reste donc seul avec Euphrosine et lui demande ce qui est vrai dans le portrait risible dressé par Cléanthis. Euphrosine commence par rejeter ses paroles : ce sont des inepties. Pourtant, Trivelin, après lui avoir expliqué que le fait de reconnaitre ses défauts pourrait lui permettre de récupérer la liberté plus vite, parvient à faire dire à Euphrosine que le portrait est assez juste et risible.

SCÈNE 5

Après la sortie d'Euphrosine, Arlequin et Iphicrate entrent sur scène et rejoignent Trivelin. Arlequin prend beaucoup de plaisir à jouer au maitre, mais il ne tourmente pas particulièrement Iphicrate. Trivelin demande à Arlequin de se prêter au même jeu que Cléanthis et le tableau dressé est tout aussi ridicule que celui d'Euphrosine. Iphicrate finit par admettre que le portrait est ressemblant. Trivelin sort, les laissant seuls.

SCÈNE 6

Arlequin et Iphicrate sont rejoints par Cléanthis et Euphrosine. Arlequin entreprend avec Cléanthis une conversation galante, imitant les comportements de leurs maitres, mais l'un comme l'autre ne ressentent pas réellement d'attirance. Au contraire, Arlequin est attiré par Euphrosine et Cléanthis par Iphicrate. Tous deux conviennent de faire en sorte de convaincre leurs anciens maitres de faire honneur à ces attirances.

SCÈNE 7

Cléanthis annonce à Euphrosine qu'Arlequin est épris d'elle. Elle reçoit cette nouvelle avec beaucoup de détresse, tandis que Cléanthis lui vante les mérites de l'amour d'un homme simple.

SCÈNE 8

Arlequin va voir Euphrosine, à présent seule. Il se présente en conquérant, convaincu qu'elle ne le repoussera pas. Pourtant, Euphrosine, dans une longue réplique, lui fait part de son abattement et de la souffrance qu'elle éprouve. Elle fait appel à sa compassion et Arlequin en reste les bras ballants.

SCÈNE 9

Iphicrate retrouve Arlequin resté seul, encore ému par sa conversation avec Euphrosine. S'ensuit une explication entre les deux hommes, explication de laquelle il ressort une sincère amitié. Iphicrate s'excuse des mauvais traitements qu'il a fait subir à Arlequin et ce dernier des railleries dont Iphicrate a fait l'objet. Ils échangent leurs vêtements, Arlequin redevenant domestique et Iphicrate reprenant sa fonction de maitre.

SCÈNE 10

Cléanthis et Euphrosine rejoignent Iphicrate et Arlequin. Lorsque Cléanthis apprend ce qu'il vient de se passer, elle se lance dans un éloge de la vertu, seul trait de noblesse selon elle. S'ensuit un échange similaire à celui de la scène précédente entre elle et Euphrosine. La fin de la scène est marquée par les excuses mutuelles et la réconciliation de Cléanthis et Euphrosine.

SCÈNE 11

Trivelin rejoint les quatre protagonistes et se réjouit de leur réconciliation. Il leur annonce qu'ils rentreront à Athènes en récompense de leur rédemption.

La dernière scène, lors de la représentation au Théâtre-Italien, était suivie d'un divertissement chanté et dansé.

ÉTUDE DES PERSONNAGES

ARLEQUIN

Personnage typique de la commedia dell'arte, bouffon léger, fainéant et peu intelligent, il est souvent, comme dans cette pièce, représenté avec une bouteille. Cependant, ici, c'est un personnage plus profond que celui auquel on est habitué.

> **BON À SAVOIR**
>
> La commedia dell'arte est un genre théâtral apparu en Italie au XVIe siècle. Théâtre populaire par excellence, il se caractérise souvent par une absence de texte écrit, les acteurs improvisant à partir d'un canevas fixe. Ses personnages sont caricaturaux, tels Arlequin ou Colombine, et si les thèmes peuvent varier, il s'agit généralement d'une caricature populaire raillant les particularités locales (accent vénitien, etc.).

Esclave d'Iphicrate, il est assez peu rancunier lorsqu'il prend la place de son maitre. C'est aussi le premier des personnages à se révéler profondément humain en étant touché par la compassion quand les autres ne se préoccupent en premier lieu que de leur petite personne.

IPHICRATE

Maitre d'Arlequin, son nom signifie «qui règne par la force». Il représente la caricature typique du jeune seigneur du XVIIIe siècle: arrogant, galant, coléreux, etc. Pourtant, il se révèle ne pas être profondément mauvais; il ressent même des sentiments d'amitié pour Arlequin.

CLÉANTHIS

Elle est le pendant féminin d'Arlequin. Pourtant, de nombreuses choses les différencient, à commencer par la rancune. Beaucoup moins douce qu'Arlequin, elle profite de sa position pour tourmenter Euphrosine.

EUPHROSINE

Maitresse de Cléanthis, coquette et ampoulée, elle est aussi caricaturale qu'Iphicrate, mais n'est pas elle non plus profondément mauvaise.

TRIVELIN

C'est le maitre d'œuvre de la pièce. Seul autochtone que l'on rencontre, il dicte les lois en vigueur sur l'ile et ses objectifs n'apparaitront clairement qu'à la dernière scène. Auparavant, il semble paradoxal: vraisemblablement humaniste, il prône une république en se comportant en tyran.

CLÉS DE LECTURE

LE THÉÂTRE DANS LE THÉÂTRE

Le thème le plus évident qui se dégage de *L'Île des esclaves* est sans doute ce que l'on appelle couramment « le théâtre dans le théâtre ». Dans cette pièce, en effet, quatre personnes à priori communes – Arlequin, Cléanthis, Iphicrate et Euphrosine – sont amenées à jouer un rôle, sans doute le rôle de leur vie, allant même jusqu'à endosser le costume du personnage qu'elles incarnent (« Arlequin, Iphicrate, *qui ont changé d'habits* », scène 5).

Dans le rôle du metteur en scène, on trouve Trivelin. Car c'est bien de cela qu'il s'agit : l'administrateur de l'ile orchestre l'action de main de maitre. Il confie les rôles, fait endosser les costumes et, surtout, dicte les dialogues :

> « Venons maintenant à l'examen de son caractère : il est nécessaire que vous m'en donniez un portrait, qui se doit faire devant la personne qu'on peint, afin qu'elle se connaisse, qu'elle rougisse de ses ridicules, si elle en a, et qu'elle se corrige. Nous avons là de bonnes intentions, comme vous voyez. Allons, commençons. (scène 3)

Le résultat de cette théâtralité est que la pièce, qui aurait pu n'être qu'une pitrerie, ne sombre pas dans la caricature. Bien entendu, Arlequin joue gauchement le rôle de son maitre, mais, à aucun moment, le spectateur ne s'attend à voir le personnage Arlequin être bon acteur. Au contraire, ce contraste permet de croire d'autant plus à l'émotion que ressent Arlequin aux mots d'Euphrosine dans la scène 8 : « Arlequin, *abattu, les bras abaissés, et comme immobile* : J'ai perdu la parole. » C'est là que se situe la fin de la pièce dans la pièce : pour chacun, c'est le moment où les choses deviennent trop sérieuses pour continuer à se livrer à la comédie.

L'UTOPIE

À n'en point douter, à la lecture des premières pages de *L'Île des esclaves*, les traits décrits évoquent immédiatement les utopies : des naufragés se retrouvent dans un endroit isolé, à savoir une ile, et découvrent avec les yeux d'étrangers un monde régi par des lois différentes. Plusieurs autres éléments contribuent à conférer un caractère utopique à ce cadre, notamment le fait que l'esclavage soit aboli et que tous les habitants de l'ile aient une « occupation convenable ». Enfin, la dimension humaniste du projet, qui vise à faire cesser l'esclavage en éduquant les hommes, achève ce tableau idyllique.

Mais cet apparent rapport à l'utopie trouve ses limites presque aussi vite. En effet, il est des traits caractéristiques du genre dont Marivaux ne tient pas compte. L'utopie, c'est-à-dire la société utopique autant que son environnement, ne se préoccupe généralement pas réellement de l'étranger qui la visite. Ici, au contraire, elle fait des étrangers des acteurs de sa société, des membres à part entière. Par ailleurs, les utopies font généralement l'objet de longues descriptions et d'analyses de la part des étrangers qui y pénètrent. Or on ne trouve rien de cela ici.

Si les apparences évoquaient l'utopie, la réalité est donc autre et semble plus suggérer le carnaval ou encore la fête des Fous.

LE MONDE À L'ENVERS

Marivaux remet au gout du jour la tradition carnavalesque où les rôles sont inversés, et nous permet d'observer de quelle manière elle est vécue et ressentie par les personnages qui en sont victimes ou tout du moins acteurs.

Quel intérêt a cette mise en scène ? Marivaux met ici en relief les traits de l'aliénation domestique et la perte d'identité inhérente à cette position. C'est le metteur en scène, Trivelin, qui sert de révélateur aux non-dits et aux humiliations des valets, qu'il s'agisse des humiliations diverses (« Il m'appelle quelquefois Arlequin, quelquefois Hé », scène 2) ou des violences (« Je conviens que j'ai pu quelquefois te maltraiter sans trop de sujet », scène 9).

L'autre originalité de Marivaux est constituée par les personnages sur lesquels il se focalise. En effet, si le comique peut résider dans le fait de voir un homme puissant se retrouver déchu au rang de domestique, c'est plus au comportement des domestiques devenus puissants que le dramaturge s'intéresse. Arlequin profite de sa situation d'une manière que l'on pourrait appeler légitime, dans la mesure où il se contente de rire de cet état et de railler gentiment Iphicrate, mais il en va bien différemment de Cléanthis. Pleine de rancœur et de ressentiment, elle fait son possible pour profiter au mieux de sa situation, non pour en jouir, mais bien par vengeance. C'est ici l'occasion de dénoncer une organisation sociale qui n'est fondée ni sur la vertu, ni sur la raison :

> Voilà des gens qui nous méprisent dans le monde, qui font les fiers, qui nous maltraitent, qui nous regardent comme des vers de terre, et puis, qui sont trop heureux dans l'occasion de nous trouver cent fois plus honnêtes gens qu'eux. Fi que cela est vilain, de n'avoir eu pour tout mérite que de l'or, de l'argent et des dignités : c'était bien la peine de faire tant les glorieux. Où en seriez-vous aujourd'hui, si nous n'avions pas d'autre mérite que cela pour vous ? [...] Il faut avoir le cœur bon, de la vertu et de la raison ; voilà ce qu'il faut, voilà ce qui est estimable, ce qui distingue, ce qui fait qu'un homme est plus qu'un autre. (scène 10)

À retenir : une œuvre des Lumières

La doctrine chrétienne et son vocabulaire sont encore très présents chez les moralistes de la période classique. Il n'est donc pas étonnant de trouver d'évidentes références à la morale chrétienne dans une œuvre telle que celle-ci.

Par ailleurs, le siècle des Lumières est très friand d'expérimentations de tous ordres, qu'elles soient scientifiques ou morales, pour ne pas dire psychologiques. L'idée d'une thérapie de trois ans, sous forme d'expérience en vase clos, telle qu'elle est décrite et mise en pratique dans l'œuvre est donc résolument de son temps.

Sa rancœur lui permet d'exploser et de se faire l'écho du ressentiment de toute une couche de la population. Si, au XVIIIe siècle, il n'est pas réellement question d'esclaves, les domestiques ont bien un statut propre, leur interdisant même l'accès à certains lieux publics. Mais Marivaux ne dénonce à aucun moment la domesticité et ne semble pas vouloir la remettre en question. En bon moraliste, il aspire simplement à un peu plus de morale dans les rapports humains.

PISTES DE RÉFLEXION

QUELQUES QUESTIONS POUR APPROFONDIR SA RÉFLEXION...

- Comparez cette pièce avec *L'Île de la raison* et *La Colonie* du même auteur. Quels sont les points communs et les différences ?
- Quelle est la fonction des deux portraits que les valets font de leurs maitres ?
- Cléanthis et Arlequin réagissent différemment à l'échange des rôles. Expliquez.
- À la fin de la pièce, chacun redevient lui-même : maitres et esclaves restent à leur place. Dès lors, quel était l'intérêt de l'inversion des rôles ?
- Selon vous, cette œuvre relève-t-elle davantage de l'utopie ou de la tradition carnavalesque ? Pour répondre, pensez à d'autres utopies (notamment à celle de Thomas More, *L'Utopie* (1515-1516)).
- Le personnage d'Arlequin est-il fidèle à la tradition de la commedia dell'arte ?
- Quels sont les ressorts comiques utilisés dans cette pièce par Marivaux ?
- Cette pièce est une comédie, mais n'a-t-elle pas une part de tragique ? Justifiez.
- En quoi Marivaux se rattache-t-il aux idéaux des Lumières avec *L'Île des esclaves* ?
- Si vous deviez mettre cette pièce en scène, la modifieriez-vous ?

POUR ALLER PLUS LOIN

ÉDITION DE RÉFÉRENCE

- Marivaux, *L'Île des esclaves*, Paris, Le Livre de Poche, coll. «Théâtre de Poche», 1999.

SUR LEPETITLITTÉRAIRE.FR

- Fiche de lecture sur *La Dispute* de Marivaux
- Fiche de lecture sur *La Double Inconstance* de Marivaux
- Fiche de lecture sur *La Fausse Suivante* de Marivaux
- Fiche de lecture sur *Le Jeu de l'amour et du hasard* de Marivaux
- Fiche de lecture sur *Les Acteurs de bonne foi* de Marivaux
- Fiche de lecture sur *Les Fausses Confidences* de Marivaux

Retrouvez notre offre complète sur lePetitLittéraire.fr

- des fiches de lectures
- des commentaires littéraires
- des questionnaires de lecture
- des résumés

ANOUILH
- Antigone

AUSTEN
- Orgueil et Préjugés

BALZAC
- Eugénie Grandet
- Le Père Goriot
- Illusions perdues

BARJAVEL
- La Nuit des temps

BEAUMARCHAIS
- Le Mariage de Figaro

BECKETT
- En attendant Godot

BRETON
- Nadja

CAMUS
- La Peste
- Les Justes
- L'Étranger

CARRÈRE
- Limonov

CÉLINE
- Voyage au bout de la nuit

CERVANTÈS
- Don Quichotte de la Manche

CHATEAUBRIAND
- Mémoires d'outre-tombe

CHODERLOS DE LACLOS
- Les Liaisons dangereuses

CHRÉTIEN DE TROYES
- Yvain ou le Chevalier au lion

CHRISTIE
- Dix Petits Nègres

CLAUDEL
- La Petite Fille de Monsieur Linh
- Le Rapport de Brodeck

COELHO
- L'Alchimiste

CONAN DOYLE
- Le Chien des Baskerville

DAI SIJIE
- Balzac et la Petite Tailleuse chinoise

DE GAULLE
- Mémoires de guerre III. Le Salut. 1944-1946

DE VIGAN
- No et moi

DICKER
- La Vérité sur l'affaire Harry Quebert

DIDEROT
- Supplément au Voyage de Bougainville

DUMAS
- Les Trois Mousquetaires

ÉNARD
- Parlez-leur de batailles, de rois et d'éléphants

FERRARI
- Le Sermon sur la chute de Rome

FLAUBERT
- Madame Bovary

FRANK
- Journal d'Anne Frank

FRED VARGAS
- Pars vite et reviens tard

GARY
- La Vie devant soi

Gaudé
- La Mort du roi Tsongor
- Le Soleil des Scorta

Gautier
- La Morte amoureuse
- Le Capitaine Fracasse

Gavalda
- 35 kilos d'espoir

Gide
- Les Faux-Monnayeurs

Giono
- Le Grand Troupeau
- Le Hussard sur le toit

Giraudoux
- La guerre de Troie n'aura pas lieu

Golding
- Sa Majesté des Mouches

Grimbert
- Un secret

Hemingway
- Le Vieil Homme et la Mer

Hessel
- Indignez-vous !

Homère
- L'Odyssée

Hugo
- Le Dernier Jour d'un condamné
- Les Misérables
- Notre-Dame de Paris

Huxley
- Le Meilleur des mondes

Ionesco
- Rhinocéros
- La Cantatrice chauve

Jary
- Ubu roi

Jenni
- L'Art français de la guerre

Joffo
- Un sac de billes

Kafka
- La Métamorphose

Kerouac
- Sur la route

Kessel
- Le Lion

Larsson
- Millenium I. Les hommes qui n'aimaient pas les femmes

Le Clézio
- Mondo

Levi
- Si c'est un homme

Levy
- Et si c'était vrai...

Maalouf
- Léon l'Africain

Malraux
- La Condition humaine

Marivaux
- La Double Inconstance
- Le Jeu de l'amour et du hasard

Martinez
- Du domaine des murmures

Maupassant
- Boule de suif
- Le Horla
- Une vie

Mauriac
- Le Nœud de vipères

Mauriac
- Le Sagouin

Mérimée
- Tamango
- Colomba

Merle
- La mort est mon métier

Molière
- Le Misanthrope
- L'Avare
- Le Bourgeois gentilhomme

Montaigne
- Essais

Morpurgo
- Le Roi Arthur

Musset
- Lorenzaccio

Musso
- Que serais-je sans toi ?

Nothomb
- Stupeur et Tremblements

Orwell
- La Ferme des animaux
- 1984

Pagnol
- La Gloire de mon père

Pancol
- Les Yeux jaunes des crocodiles

Pascal
- Pensées

Pennac
- Au bonheur des ogres

Poe
- La Chute de la maison Usher

Proust
- Du côté de chez Swann

Queneau
- Zazie dans le métro

Quignard
- Tous les matins du monde

RABELAIS
- Gargantua

RACINE
- Andromaque
- Britannicus
- Phèdre

ROUSSEAU
- Confessions

ROSTAND
- Cyrano de Bergerac

ROWLING
- Harry Potter à l'école des sorciers

SAINT-EXUPÉRY
- Le Petit Prince
- Vol de nuit

SARTRE
- Huis clos
- La Nausée
- Les Mouches

SCHLINK
- Le Liseur

SCHMITT
- La Part de l'autre
- Oscar et la Dame rose

SEPULVEDA
- Le Vieux qui lisait des romans d'amour

SHAKESPEARE
- Roméo et Juliette

SIMENON
- Le Chien jaune

STEEMAN
- L'Assassin habite au 21

STEINBECK
- Des souris et des hommes

STENDHAL
- Le Rouge et le Noir

STEVENSON
- L'Île au trésor

SÜSKIND
- Le Parfum

TOLSTOÏ
- Anna Karénine

TOURNIER
- Vendredi ou la Vie sauvage

TOUSSAINT
- Fuir

UHLMAN
- L'Ami retrouvé

VERNE
- Le Tour du monde en 80 jours
- Vingt mille lieues sous les mers
- Voyage au centre de la terre

VIAN
- L'Écume des jours

VOLTAIRE
- Candide

WELLS
- La Guerre des mondes

YOURCENAR
- Mémoires d'Hadrien

ZOLA
- Au bonheur des dames
- L'Assommoir
- Germinal

ZWEIG
- Le Joueur d'échecs

Et beaucoup d'autres sur lePetitLittéraire.fr

© **LePetitLittéraire.fr, 2013. Tous droits réservés.**

www.lepetitlitteraire.fr

ISBN version imprimée : 978-2-8062-1365-5
ISBN version numérique : 978-2-8062-1863-6
Dépôt légal : D/2013/12.603/243